AF262063

POURQUOI

NOUS SOMMES FRANÇAIS

PAR

OSCAR DUNN

MONTRÉAL :

DES PRESSES A VAPEUR DE LA MINERVE.

16, Rue St. Vincent.

1870.

Les deux dernières parties de cette étude, sauf quelques passages, ont été lues dans un concert donné au profit des blessés français à St. Hyacinthe, le 4 Septembre dernier, et à St. Césaire, le 11 du même mois. Sous sa forme actuelle, ce travail a été lu devant l'Institut des Artisans de Montréal, le 14 Octobre, à l'ouverture des classes du soir de cette société. Mgr. Bourget assistait à cette séance. Le président de l'Institut est M. Napoléon Bourassa.

POURQUOI

NOUS SOMMES FRANÇAIS

Monseigneur,

Mesdames et Messieurs,

Appelé à lire quelque chose devant l'Institut des Artisans, j'ai dû subir, dans le choix d'un sujet, l'influence des préoccupations que causent à tout le monde les graves évènements dont l'Europe est depuis deux mois le théâtre sanglant. Le conflit franco-prussien à son écho dans toute l'Amérique ; il réjouit les uns, il attriste les autres. Pour nous, Canadiens-Français, nous en éprouvons une douleur profonde. Nous aurions pu peut-être apprendre le triomphe des armes françaises sans émotion vive : le fait aurait semblé si naturel ! mais la France a essuyé des revers terribles, et du jour où elle a perdu sa première bataille, du jour où elle a été envahie par l'étranger, le sang français qui, auparavant, coulait dans nos veines, je dirais, si je l'osais, presqu'à notre insu, nous l'avons senti s'échauffer et bouillonner. Parcourez aujourd'hui, notre Province d'un bout à l'autre, vous ne trouverez pas un seul d'entre nous qui ne fasse des vœux pour la France dans la guerre actuelle.

Et pourquoi ces sympathies en faveur de la France plutôt qu'en faveur de la Prusse ? Pourquoi ? la raison en est simple ; c'est que nous ne sommes pas Prussiens, mais Français, Dieu merci !

Je n'ai pas, non plus, l'idée de rechercher les causes de nos sympathies pour la France, qui est le pays de nos pères ; ce serait se demander pourquoi l'on aime ses parents, sa famille : je voudrais plutôt savoir comment il se fait qu'après un siècle de domination anglaise, nous soyions encore Français par la langue et les mœurs ; je voudrais savoir à quels motifs l'on doit attribuer notre obstination courageuse à garder et défendre les institutions qui nous sont propres, à rester, en un mot, un groupe national à part sur cette terre britannique.

Cette question a une certaine actualité au moment où l'on fait dans tout le pays des démonstrations pour la France, et j'ai cru en la traitant être agréable à une association canadienne-française aussi patriotique que l'est l'Institut des Artisans de Montréal.

La première pensée qui me frappe au début de cette courte étude, m'est suggérée par l'exposition même du sujet. En effet, savez-vous bien que, pris en soi, c'est de la hardiesse pour des sujets anglais d'affirmer publiquement qu'ils sont Français par le cœur. Néanmoins, la chose nous paraît toute naturelle et sans aucun danger. N'y a-t-il pas là un phénomène social qui doive attirer notre attention ?

Nous sommes une dépendance de l'empire britannique depuis un siècle : oui, vraiment, depuis cent années nous appartenons à l'Angleterre, et malgré tout nous conservons encore les mœurs, la langue et les lois civiles de notre première mère-patrie, nous sommes encore Français, et cela, aujourd'hui, ouvertement, sans entraves et sans molestation. Si nous sommes ainsi en toute liberté ce que nous voulons être, c'est donc que l'Angleterre le veut bien.

Vous allez croire, Mesdames et Messieurs, que j'entre sur le terrain de la politique. Le ciel m'en garde ! et ne craignez rien. Je vous prie aussi de ne pas m'accuser sans m'entendre de tomber dans le paradoxe.

Un des principes fondamentaux du droit international est qu'un peuple qui a passé sous la domination d'un souverain nouveau, conserve ses lois jusqu'à ce que celui-ci les remplace par d'autres. Or les traités nous ont garanti l'exercice libre de nos lois et de notre religion. S'il y a eu des doutes là-dessus, ils ont été exprimés, non pas en Angleterre, mais en Canada par de nouveaux arrivants qui, naturellement désireux de vivre ici sous l'empire des mêmes coutumes que là-bas, s'étaient figuré avoir apporté tous les codes anglais dans leurs malles. Les autorités métropolitaines ont compris les choses plus généreusement, plus justement, et l'Acte de Québec (1774) est venu sanctionner ce que les traités nous avaient garanti. Ce *Bill* fait époque dans notre histoire. Il est, du reste, une interprétation honnête du traité de Paris, et la seule qui pût l'être. Les Canadiens avaient lutté avec courage contre l'armée anglaise, et n'avaient pas été écrasés encore ; ils épuisaient l'ennemi, mais ne pouvaient le chasser sans secours, trop épuisés eux-mêmes. Louis XV, ne tenant pas à conserver " quelques arpents de neige, " selon le mot de Voltaire, au prix de nouveaux sacrifices d'hommes et d'argent, signa le traité de paix par lequel il *céda* le Canada, traité honteux pour le souverain qui pouvait l'éviter en nous sauvant, honorable pour nous qui, délaissés par la mère-patrie, n'avions cependant pas été *conquis*. Nous avons été cédés tels que nous étions, avec nos mœurs, notre religion, notre langue et nos lois, et l'Angleterre en nous acceptant comme tels nous a promis sa protection, c'est-à-dire qu'elle nous a reçus comme Français et nous a permis de continuer à l'être à la faveur de ses institutions libres. Il y a eu des tâtonnements, des hésitations, des persécutions même, je le sais ; mais je sais également que l'injustice n'est pas venue des Anglais d'outre-mère, bien plutôt des Anglais du Canada, de ce " parti Anglais " que M. Gladstone qualifiait l'an passé en termes si durs, et dont heureusement on retrouve peu de vestiges. Le fait général et essentiel reste acquis à l'histoire, à savoir : que l'Angleterre en recevant des Français dans son sein et en leur accordant toutes les garanties qu'ils ont demandées, leur a dit par là-même : Adoptez mes institutions et servez-vous en, soyez libres, soyez toujours Français si vous le voulez.

Saluons cette belle liberté qui produit ce grand exemple de Français pouvant rester ce qu'ils sont tout en devenant sujets anglais, et félicitons-nous de notre heureux sort qui nous a ménagé ce bonheur !

Il est donc vrai qu'en affirmant notre nationalité nous ne faisons rien que ne permette la métropole. On nous a donné la liberté, nous en usons, voilà tout. L'Angleterre, qui sait nous apprécier, ne s'en plaint pas, et il semble que nos compatriotes d'origine anglo-saxonne ne doivent pas s'en offenser davantage. Hommes d'honneur, qu'ils s'en réjouissent plutôt, car nous descendons des Français, la France est notre mère, et des hommes d'honneur sont toujours heureux de voir un fils prodiguer à sa mère les marques de son amour et de son respect. Est-ce notre faute à nous si nous sommes venus des bords de la Seine, non de la Tamise ? Est-ce notre faute à nous, qui avons presque tous des parents en France, si nous tressaillons à la nouvelle d'une grande bataille où des milliers de Français ont trouvé la mort ? Mais un membre de notre famille a peut-être succombé dans cette lutte meurtrière, et l'on voudrait que nous fussions indifférents ! Mais on n'a donc pas de cœur que l'on ne comprend pas les liens du sang !

Affirmer que nous sommes Français, ce n'est pas une injure pour nos concitoyens anglais, car nous sommes les fils de ceux qui ont lutté loyalement contre l'Angleterre et qu'elle a appris à respecter sur les champs de bataille. Deux antagonistes qui ont de l'honneur et de la bravoure, sont contents de se donner la main après le combat ; ils ne sauraient se haïr, satisfaits l'un de l'autre, le vainqueur parce qu'il a rencontré un homme digne de lui, le vaincu parce qu'il a succombé devant un adversaire dont il n'a point à rougir. Montcalm et Wolfe devaient se porter réciproquement beaucoup d'estime.

Affirmer que nous sommes Français, ce n'est pas non plus une provocation, car nous ne sommes pas des vainqueurs, mais de simples sujets anglais qui demandent à être admis, tels que Dieu les à faits, dans le sein de la patrie commune, héritiers sur ce sol d'Amérique des traditions d'un peuple que l'univers admire et respecte, et fidèles cependant aux institutions qu'un autre peuple leur a données. Le soleil luit pour tout le monde sous le régime de ces institutions ; nous cherchons pour notre part dans la chaleur de quelques rayons la force et la vie, et nous disons à ceux qui ne sont pas de notre origine : Faites comme nous de votre côté, si vous le voulez, et comptez sur notre respect pour vos efforts personnels comme sur notre concours dans l'édification de la grandeur nationale.

Nul mieux que nous ne comprend la nécessité de la concorde entre les diverses nationalités qui se partagent le Canada, nul plus que nous ne la désire et favorise ; mais concorde ne signifie pas fusion. Autour de nous chacun répète à l'envie : Respect aux croyances, au sentiment national.—C'est dire : Respectez-vous vous-mêmes, restez ce vous êtes, chacun à son passé, passé respectable auquel il n'y a point d'honneur à tourner le dos ; Anglais, Irlandais, ou Français, conservez vos traditions, inutile d'essayer à vous absorber les uns les autres, il vous suffit, pour être tous de bons canadiens, que vous vous entendiez dans un même désir de progrès et de bien public.

Etant admise cette distinction des groupes nationaux, laquelle ne saurait nuire aux intérêts généraux du pays, nous pouvons, sans provoquer d'alarmes au milieu de notre entourage, proclamer à haute

voix que les Canadiens-Français demandent au passé une règle de conduite pour le
présent qui doit préparer leur avenir.
Nés Français et Catholiques, nous ne voulons être hostiles à personne, mais tout
en étant désireux de vivre en bons termes avec tout le monde, nous avons le
droit de tenir à conserver notre double
caractère national et religieux. L'idée
canadienne-française a été éminemment
orthodoxe en matières religieuses, éminemment conservatrice dans les questions
nationales, et nous avons ainsi la fai-
blesse d'espérer que, soutenus par ce que
nous croyons être la vérité religieuse
unie à la vérité sociale, nous marcherons
toujours droit dans le sentier de la civilisation. D'autres, qui visent au même
but, prennent un chemin différent : nous
ne les méprisons pas pour cela, et cette
divergence sur les moyens ne refroidit
pas notre patriotisme, notre amour de la
patrie canadienne, non plus que notre attachement aux institutions britanniques.

Nous avons paru sur les champs de bataille en I775, on sait pour quelle cause ; hier encore, nous étions sous les armes à la frontière, l'Angleterre ne l'ignore pas, et si elle est convaincue de notre attachement à nos traditions françaises, elle n'est pas moins certaine de notre fidélité à ses institutions. Politiquement, nous sommes Anglais ; socialement, nous restons Français, ou plutôt, si l'on préfère ce mot, nous sommes, dans les affaires publiques, Anglais de tête et Français de cœur. J'ose dire que la métropole est satisfaite de nous comme tels.

Quoiqu'il en soit, si jamais l'Angleterre a songé à nous détruire, elle a abandonné promptement ce projet lorsqu'elle nous a vus accepter ses institutions avec tant de loyale franchise, lorsqu'elle a compris qu'elle pouvait se fier à nous comme aux siens, et en recevant d'elle nos lois constitutionnelles nous avons reçu par là, non seulement une marque de confiance, de respect, et la récompense de notre sagesse publique, mais aussi la meilleure garantie que nous puissions désirer comme Canadiens-Français, la liberté faisant notre force et nous donnant cette persévérance à ne pas cesser d'affirmer ce que nous sommes, tout en respectant les droits d'autrui. Or nous sommes Français, et si nous le déclarons, n'est-ce pas l'Angleterre qui l'a voulu lorsqu'elle nous a dit : Soyez libres ?

En d'autres termes, nous sommes restés Français parce que nous sommes un peuple libre. Mais la liberté, reconnaissons-le, ne nous aurait pas suffi pour résister à l'influence de notre entourage, si nous n'avions eu des motifs bien particuliers, et l'intelligence parfaite de ces motifs, pour tenir à garder notre autonomie sociale. Pourquoi avons-nous lutté et plus tard usé de notre liberté pour nous fortifier dans notre foi nationale ?

On pourrait peut-être répondre que nous nous y sommes déterminés par goût et par raison.

**
***

Chaque peuple a ses habitudes et ses mœurs, chaque peuple a un certain cachet particulier qui le distingue de son voisin ; mais ce trait distinctif peut être plus ou moins accentué. Ainsi, la différence qui sépare un Espagnol d'un Italien n'est pas énorme : ils ont tous deux à peu près les mêmes jalousies et les mêmes superstitions ; leurs idiomes ont entre eux plus d'une analogie. On pourrait en dire autant de l'Américain et de l'Anglais : on les reconnait facilement l'un et l'autre à certaines particularités frappantes des manières et du caractère ; cependant, la conformité de leur langage et les lignes principales de leur physionomie accusent la même origine ; ils sont parents, cela se voit. Mais peut-on faire de telles comparaisons entre le Français et l'Anglais ? Certes je ne vois rien de plus différent d'un Anglais qu'un Français. Celui-là est phlegmatique, celui-ci vif et enthousiaste ; l'un s'abîme dans le *spleen*,

l'autre est fou de gaiété ; le premier pour
une offense va devant les tribunaux, et
le second va sur le terrain ; l'Anglais dé-
fend sa bourse, le Français son idée. Enfin, leurs caractères n'ont aucun point de
contact, et ils ont chacun leur originalité
propre qui les rend les deux êtres les
plus dissemblables de la création. Le
Français est essentiellement sociable et
parleur ; s'il ne rencontre personne à qui
communiquer ce qu'il pense, il maigrit à
vue d'œil ; tandis que l'Anglais, lui, vous
parle, ma foi ! lorsque vous lui avez été
présenté. Vous connaissez cette anecdote
de l'enfant d'Albion qui, du haut d'un
pont, voyant une femme tomber à l'eau
et se noyer, se disait à lui-même : Quel
malheur que je n'eusse pas été présenté
à cette personne, j'aurais pu la sauver !

Je me rappelle avoir dîné à Londres,
en 1868, avec trois Français qui arrivaient
dans la grande cité au même instant. Ils
ne se connaissaient pas. En se mettant à
table, ils se saluent et engagent tout de

suite la conversation, racontent à tour de rôle leur traversée, parlent politiqne, finances, comparent le climat de Londres avec celui de Paris, et finissent par discuter le prix des asperges dans cette dernière ville.—On les a, dit l'un, pour un franc vingt cinq la botte.—Pardon, dit l'autre, pas moins d'un franc cinquante.—Pardon vous-même. — Allons-donc ! — Comment ! mais j'en sais quelque chose.—Et moi donc !—Vous ! vous n'êtes pas même de Paris, ça se voit du premier coup d'œil.

La discussion, ainsi partie, prit un train furieux. Ces messieurs s'emportent, crient à tue-tête, gesticulent, et moi, tout étonné, je me demandais comment les asperges pouvaient causer tant de colère dans l'âme des Français. Je me trompais. Ils n'étaient pas du tout fâchés ; ils s'étaient seulement un peu animés comme on fait entre amis d'enfance. Mais ils se voyaient pour la première fois.

Voilà le caractère français, prompt,

liant, communicatif, franc et jovial. Or comment „voulez-vous qu'avec ces dispositions qu'ils avaient apportées de France, les Canadiens aient été bien empressés, après la cession, de se mêler à la population anglo-saxonne qui devenait maitresse du pays ? Tout les éloignait d'elle, leurs mœurs, leurs habitudes de vie, leurs notions de commerce social, leur langue surtout, cette belle langue, si difficile, mais si chère à ceux qui la possèdent.

La langue française, c'est un diamant d'un prix inestimable ; c'est une œuvre d'art travaillée par les siècles, d'une beauté à nulle autre pareille. Tout le monde l'admire, elle charme tout le monde, bien qu'elle ne livre ses secrets qu'à un petit nombre ; il faut être amoureux d'elle, l'aimer beaucoup et lui faire longtemps la cour ; elle ne se donne qu'à celui qui sait la vaincre par un labeur persévérant et une longue constance ; mais quels tré sors elle révèle à ses favoris ! Sa délica tesse exquise ravit l'intelligence ; elle est tout amour et toute gaieté, pleine de noblesse et d'enthousiasme, accessible aux sciences comme à la fantaisie, à toutes les hautes pensées comme à tous les sentiments dignes ; elle comprend votre cœur et seconde votre esprit. Si vous la possédez, rien ne vous décidera jamais à y renoncer ; vous la garderez comme votre meilleur bien.

Tel a été le cas pour nous. La langue française est un héritage sacré que nous nous sommes transmis de génération en génération intact et sans souillure, et lorsque nous discourons sur le bon vieux temps, lorsque nous nous entretenons de la France, c'est dans sa propre langue que nous le faisons.

Je dois admettre que nous parlons aussi l'anglais. Notre excuse est qu'il ne peut être mal de savoir plus d'un idiome, et que pour nous c'est une nécessité. De la sorte, nous pratiquons une partie des théories de Charles-Quint, qui disait qu'on devait parler l'italien aux oiseaux, l'allemand aux chevaux et aux chiens, l'anglais aux hommes, le français aux femmes, l'espagnol à Dieu. Nous ne savons pas toutes ces langues ; nous ne sommes pas tous également forts sur l'allemand, par exemple ; quant à moi, j'en sais tout juste assez pour appeler mon chien *Bismarck :* mais il est assez vrai que nous parlons l'anglais aux hommes ; c'est le langage des affaires, des comptoirs : et avec vous, Mesdames, nous cultivons le français. Sans vous l'anglais serait maître absolu du terrain ; j'en conclus que si notre langue est vivante et prospère, cela vous est dû. On assure du reste que vous la maintenez toujours en pleine activité dans vos cercles.

Vous m'en voudriez, sans doute, Mesdames, de pousser la galanterie jusqu'à vous attribuer exclusivement un mérite que d'autres partagent avec vous : soyons donc juste avant tout et rendons à chacun ce qui lui appartient. D'abord, le clergé, en faisant de la langue française la base principale de son enseignement dans les collèges où s'instruit la jeunesse, a par là-même empêché qu'elle tombât en désuétude ou en décadence, et en prêchant l'évangile en français, il nous a habitués à identifier notre langue avec nos croyances religieuses. L'importance de ce fait n'échappe à personne.

Nous savons ensuite que nos hommes d'état ont eu de tout temps le courage de revendiquer dans nos assemblées législatives les droits de la langue française. En la faisant reconnaître dans les actes officiels, ils lui ont donné l'existence publique.

Nous devons beaucoup aussi à notre littérature indigène. Bien qu'elle ne soit pas très considérable, elle a contribué à raffermir et fortifier notre idiome, et à l'incorporer, pour ainsi dire, dans les traditions du passé. Les lettres sont les archives d'une nation, et comme elles se maintiennent au-dessus des sphères ora geuses de la politique, elles demeurent toujours l'arche de refuge, l'entrepôt des traditions et des idées dont le peuple s'est nourri et qu'il aime d'instinct à retrouver pour s'en nourrir encore. Telle est la supériorité des lettres, et ce qui en fait un grand moyen de conservation nationale. Elles répondent au besoin de lire que ressent tout peuple civilisé et de trouver dans les livres le tableau de sa vie intime, l'expression de ses aspirations, le récit de ce qu'il a accompli. Le peuple doit pouvoir en quelque sorte se mirer dans des livres écrits pour lui. Nous sommes assez riches sous ce rapport. Garneau et Ferland ont raconté notre histoire; Crémazie, Fréchette et d'autres nous ont fait une poësie nationale, et plusieurs auteurs ont publié des ouvrages agréables et utiles qui peuvent soutenir la comparaison avec les productions de la littérature légère des autres pays. Parmi ceux-ci on trouve au premier rang l'auteur de *Jacques et Marie*.

Et puis, si l'on me permettait de mettre
de côté la modestie naturelle au journa-
liste (?), je dirais encore que les journaux
ont beaucoup fait pour entretenir la langue
française toujours vivace en Canada, car
en parlant au peuple de ses affaires en
français ils ont revêtu le français du
même intérêt, de la même importance
que le peuple attache à ses affaires mêmes.
Si l'on interroge le passé, on verra également que des journalistes comme MM.
Bédard, Etienne Parent et Duvernay,
père, n'on pas été des hommes inutiles à
la patrie.

Enfin la famille canadienne-française
toute entière a montré toujours et par-
tout qu'elle aimait sa langue. Il y a eu
des négligences et des défections, mais à
votre honneur, messieurs les Artisans, on
constate que ce n'est pas dans vos rangs
qu'il s'en rencontre le plus. On vous re-
proche d'avoir adopté trop de termes anglais pour nommer les choses de votre
métier : vous pouvez répondre en deman-

dant que l'on vous apprenne les termes français, et en vous offrant de comparer votre langage avec celui de toute autre classe de notre société. Vous apprenez l'anglais parce qu'il vous est utile, vous n'en faites pas une vaine parade ; vous n'êtes pas de ceux qui ne tendent qu'à imiter les manières des autres; vos femmes et vos filles n'ont pas versé une seule larme au départ des chefs des bataillons anglais ; en un mot, vous ne cherchez pas du tout à vous *anglifier*. On ne pourrait pas écrire le même éloge indistinctement à l'adresse de tous nos compatriotes de cette ville.

Je ne voudrais point pousser cette critique au-delà des justes limites. Nous sommes tous attachés à l'idiome que la France nous a légué, et cet attachement est inhérent à notre nationalité, car rien ne reflète mieux le caractère français que la langue française elle-même. Le langage, en effet, est un instrument que chacun manie selon les aptitudes de son esprit ; c'est encore un vêtement qui prend les formes de la pensée et en laisse voir la taille et les contours. Un homme positif, calculateur, n'aura pas une phraséologie imagée, tandis que le poëte ne parviendrait jamais à s'exprimer s'il était restreint au vocabulaire d'un homme de chiffres.

Mais si la parole traduit le caractère, il n'en est pas moins certain qu'elle a son charme intrinsèque et qu'elle peut l'orner et le rehausser en le faisant ressortir brillamment ; elle sert dans tous les cas à le perpétuer, parce qu'elle le fixe, pour ainsi dire, sur le papier au moyen de l'impression. Si donc nous sommes restés Français, une des causes en est sans doute que le caractère français est l'antipode du caractère anglais, qu'il se suffit à lui-même, qu'il n'a pas besoin d'aller chercher des modèles à l'étranger, qu'il est énergiquement tranché et tout-à-fait original, et que, par conséquent, loin de désirer en assumer un nouveau, nous avons dû avoir une répulsion naturelle pour tout autre ;

mais c'est aussi parce que nous parlions une langue magnifique qui seule pouvait s'adapter à ce caractère et dont nous savions apprécier les richesses incomparables. Ennobli par la langue, l'élément français s'enracine dans les individus ; on reste français parce qu'on a le bonheur de parler le français.

Ceci est affaire de goût ; voyons nos motifs de raison.

*
* *

Passant à un autre ordre d'idées, si l'on examine un peu notre position sur ce continent, on comprendra d'une manière encore plus claire pourquoi les Français du Canada ont persévéré avec tant d'énergie à demeurer une race distincte et autonome.

Le jour où le drapeau fleur-de-lys retraversa les mers et fut remplacé sur le Cap de Québec par les couleurs britanniques, fut un jour de grand deuil pour les habitants de la Nouvelle-France. Un bon nombre d'entre eux, pour ne pas subir ce changement, laissèrent ce pays que la mère-patrie, gouvernée par une courtisane, ne voulait plus garder. Abandonnés à leurs propres forces dans un complet isolement, ceux qui restèrent se trouvaient dans une position singulièrement critique. Régis par un pouvoir hostile, qu'allaient-ils devenir ? Quelle ligne de conduite devaient-ils suivre ? Devaient-ils abdiquer tout-à-fait, recevoir le vainqueur à bras ouverts et s'assimiler à lui ? Nos pères crurent qu'il y aurait eu là de leur part une lâcheté, et ils se dirent : Le sol nous appartient, tenons ferme ; nous sommes des Français, ne cessons pas de l'être ; soyons soumis à l'Angleterre, mais n'oublions pas la France !

Cette attitude ne leur était pas suggérée simplement par leurs préférences nationales toutes légitimes et toutes naturelles, mais aussi par une raison politique très-saine et très-éclairée. Ils comprirent que s'ils sacrifiaient leur nationalité, ils renonçaient en même temps à toute mission sur ce continent, et que pour être quelque chose, pour représenter quelque chose ici, ils devaient continuer d'être Français. Devenir Anglais, c'était se mettre à la remorque des colonies voisines ; rester Français, c'était fonder une nation et devenir les mandataires de la France et de l'Eglise Catholique.

Cette pensée est évidente dans notre histoire ; elle en est l'âme, le fait dominant, et elle s'est perpétuée jusqu'à nous. Nous comprenons tous que nous ne pouvons avoir d'influence en Amérique qu'à la condition de personnifier l'idée française. Que serions-nous si nous devenions Anglais ? Qu'est-ce que représente ici l'idée anglaise ? La monarchie, la liberté et le protestantisme, n'est-ce pas ? Mettons de côté le protestantisme, qui pour nous est synonime d'erreur. La liberté ! mais elle règne sans conteste sur tout le continent ; ce n'est pas d'elle que nous recevrons une mission spéciale, car elle n'a

pas besoin d'apôtres là où elle n'a point
de conversions à opérer. La monarchie ! mais elle n'est qu'un détail ; elle est
une des formes de la liberté, elle n'est
pas la liberté même ; et du moment que
la liberté existe dans l'ordre, un peuple
ne saurait se donner pour tâche nationale
de la revêtir des livrées monarchiques
plutôt que des habits républicains : cela
n'en vaut pas la peine et n'est point digne
du travail unique de tout un pays.

Etre Anglais ce n'est donc pas être, sur
ce continent, une personnalité politique
originale, dans le sens absolu du mot, surtout si le pays où l'on vit a cessé d'être
colonie pour devenir indépendant ; c'est
être seulement un membre de la grande
famille saxonne qui domine en Amérique.
Devenons un pays indépendant et soyons
Anglais : que serons-nous alors, sinon des
Américains monarchiques ? Croit-on, en
vérité, que cette qualité nous permettra
d'être longtemps un peuple distinct des
autres peuples d'Amérique ?

Etre Français, au contraire, c'est faire souche et fonder un famille nouvelle ; c'est représenter la France et le Catholicisme : la France ! noble pays qui marche à la tête de la civilisation et qu'une pensée généreuse n'a jamais trouvé indifférent ; la France ! fille ainée de ce Catholicisme qui est la vérité religieuse. Quelle position pour nous, digne du respect du monde et qui donne à notre existence un but si élevé ! Quelle mission que celle de continuer de ce côté-ci des mers le rôle de la France en Europe ! Répandre au loin les richesses intellectuelles dont notre langue nous mêt en possession, propager les fécondes notions de politique renfermées dans les ouvrages de Bossuet, Fénélon, De Maistre, Benjamin Constant, Royer-Collard, Montalembert, Prévost-Paradol, faire connaître cette brillante et substantielle littérature qui va de Racine à Victor Hugo et de Massillon au Père Félix, prêcher cette philosophie spiritualiste des Descartes, des Malebranche et des Ventura, produire

des prêtres par centaine et les envoyer
porter la bonne nouvelle dans les riches
cités des Etats-Unis comme dans les plai-
nes glacées de la Rivière-Rouge, donner
des religieuses à toutes les peuplades,
construire des hôpitaux où ces saintes
femmes exercent leur dévouement, for-
mer des séminaires où la jeunesse reçoit
le pain ferme de l'éducation classique et
religieuse, voilà, certes ! une œuvre digne d'un peuple qui croit en Dieu et qui
veut laisser sa marque sur ce globe ter-
restre.

Cette mission est la nôtre, c'est celle
que nos pères avaient entrevue. N'était-
elle pas, je vous le demande, assez envia-
ble, assez captivante, pour réunir sous
un même drapeau quelques centaines de
mille hommes, déjà unis par l'amour de
la patrie absente, et les décider à se lier
entre eux pour la remplir en restant fidèles aux principes qu'elle présuppose ? Oui,
l'ambition de jouer un rôle si important
dans l'histoire d'Amérique a guidé les Ca-

nadiens, après la cession comme avant, et les a fait jurer de toujours garder le souve-nir de la France, de toujours entretenir avec elle un commerce d'idées et des relations intellectuelles. Lorsque Jacques Cartier entra dans la Baie de Gaspé et mit le pied pour la première fois sur le sol canadien, son premier acte fut de planter une croix, et son second d'écrire sur cette croix ces mots : *Vive France* ! De ce jour le Canada est devenu le représentant de la France et le *fils ainé* de l'Eglise en Amérique. Le temps n'a fait que consacrer notre double dignité, et le sentiment profond que nous avons toujours eu de l'éminence de la mission qu'elle nous impose nous a préservés de ce qui aurait pu la compromettre. Nous n'aurions pu l'abandonner sans prendre pire, ce que personne n'aime à faire.

C'est par cette fidélité à nos traditions que nous avons assuré notre avenir. Voyez la Louisiane. Pour une raison ou pour une autre, la population française de cet état n'a point conservé sa nationalité, et qu'est-elle aujourd'hui ? Elle a produit des individualités marquantes, sans doute ; mais comme groupe national elle n'a aucune influence, elle s'est affaissée sur elle-même. Pourquoi ? sinon parce qu'elle n'a pas maintenu les liens qui l'unissaient à la France. Notre destinée est toute différente. Nous avons une influence considérable et souvent prépondérante comme corps, non pas seulement comme individus. Le nom de la France a fait notre prestige et notre force ; ceux mêmes qui ne s'en rendraient pas compte d'une manière distincte en sont avertis par les sympathies qu'ils ont tout spontanément pour la France dans la terrible crise qu'elle traverse aujourd'hui. N'en doutez pas, l'intérêt est pour quelque chose dans nos sympathies ; nous sentons bien que si la France est vaincue, non seulement la civilisation et l'Eglise en souffriront, mais que le Canada Français aura perdu son principal point d'appui.

Il faut reconnaître que le clergé nous a toujours soutenus dans notre voie. Les ministres du culte, comprenant que nous pourrions servir à la diffusion de la vé-rité évangélique surtout en étant Français, se sont voués avec d'autant plus de courage au service de notre nationalité en même temps qu'au service des autels. Leurs colléges ont été les foyers de la nationalité canadienne, comme les monastères étaient dans le Moyen-Age le refuge des lettres et des sciences, et nous devons admettre qu'un clergé parfaitement organisé, composé d'hommes instruits, patriotiques et populaires, a dû contribuer pour une large part à nous faire sortir victorieux des luttes que nous avons eu à soutenir. Aussi l'histoire nous dit-elle que Mgr. Laval et Mgr. Plessis étaient de grands évêques, mais de plus de grands citoyens.

Ce sera la gloire du corps clérical en ce pays d'avoir identifié la religion avec nos intérêts nationaux. Nous devons à cette heureuse alliance de ne point voir ici cet antogonisme entre le clergé et le peuple, cause de tant de désastres en Europe. Lorsque nous disons " le peuple ", nous comprenons les prêtres sous cette appellation générale ; les prêtres et le peuple ne font qu'un en Canada : c'est notre bonheur et à la fois notre récompense des luttes généreuses du passé.

*
* *

Ainsi donc, Mesdames et Messieurs, obéissant, d'une part, à cette prédilection naturelle qui fait aimer la nation dont on descend, et à cet instinct qui éloigne de ceux qui diffèrent de nous par l'éducation, la langue et le caractère, et, d'autre part, soutenus par l'ambition noble de jouer un rôle particulier en Amérique, nos pères ont voulu rester Français et profiter pour cela de toutes les libertés que leur a octroyées l'Angleterre, et les mêmes raisons inspirent à leurs fils la même volonté ferme.

Cette volonté est invincible, car elle
vient du cœur du peuple. Ce que le peuple veut, il le peut. Notre passé le prou-
ve. Nous avons traversé des époques
moins calmes que le temps présent ; il fut
un jour où des fanatiques nous ont atta-
qués en face, mais vous savez qu'ils ont
appris à leurs dépens s'il est facile de
changer le sang qui coule dans les veines
d'une nation virile. Notre triomphe a été
complet : nous le devons à notre énergie,
à la conception claire que nous avons
toujours eue de nos destinées, et à l'heureuse chance d'avoir été servis par des
hommes comme Bédard, Papineau, La-
fontaine, Morin, et tant d'autres.

Et si quelqu'un veut savoir maintenant
jusqu'à quel point nous sommes Français,
je lui dirai : Allez dans les villes, allez
dans les campagnes, adressez-vous au
plus humble d'entre nous, et racontez-lui
les pérépities de cette lutte gigantesque
qui fixe l'attention du monde, annoncez-
lui que la France a été vaincue, puis met-

tez la main sur sa poitrine, et dites-moi ce qui peut faire battre son cœur aussi fort si ce n'est l'amour de la patrie. Oui, la France est encore notre patrie. Nous le sentons vivement aujourd'hui qu'elle subit la plus terrible des épreuves. Vraiment, nous ignorions peut-être nous-mêmes la force de notre affection pour la France, et nous ne savions pas que ses défaites pouvaient nous attrister à ce point ; on dirait que chaque revers de ses armes nous atteint dans nos personnes ; ses douleurs sont nos douleurs, et Dieu sait avec quelle impatience nous attendons le jour de son triomphe pour chanter l'hymne d'allégresse, jour qui, certainement, je le crois pour ma part, luira bientôt, quelles que soient les apparences du moment.

Montréal, le 14 Octobre 1870.